EMG3-0107
合唱楽譜＜J-POP＞
J-POP CHORUS PIECE

合唱で歌いたい！J-POPコーラスピース

混声3部合唱

雨のち晴レルヤ
（ゆず）

作詞：北川悠仁　作曲：北川悠仁、佐藤和哉　合唱編曲：桜田直子

●●● 演奏のポイント ●●●

♪付点8分音符＋16分音符で書かれたリズムは記譜上では3：1の長さですが、実際は3連符と同じ2：1で演奏します。2：1のやわらかいスウィングのリズムが、この曲のほのぼのとした感じをつくっています。

♪原曲のメロディーの音域が広いので、各パート間でメロディーを歌い継ぐ箇所が多くなっています。「今どのパートがメロディー（主旋律）なのか？」ということを常に意識し、バランスを考えながら歌いましょう。

♪①から調が半音上に転調します。直前の1拍（①の1つ前の小節の3拍目）でしっかり音を取ることがスムーズな転調へのカギとなります。

♪ラストの「晴レルヤ！」は音程を気にせず、自分が最も声を出しやすい位置で思いきりシャウトすると良いでしょう。

【この楽譜は、旧商品『雨のち晴レルヤ（混声3部合唱）』（品番：EME-C3108）とアレンジ内容に変更はありません。】

合唱で歌いたい！J-POPコーラス

雨のち晴レルヤ

作詞：北川悠仁　作曲：北川悠仁、佐藤和哉　合唱編曲：桜田直子

© 2013 by NHK Publishing,Inc. & SENHA & SONS & T's MUSIC PUBLISHING CO., LTD. & TOY'S FACTORY MUSIC

MEMO

雨のち晴レルヤ （ゆず）

作詞：北川悠仁

突然　偶然　それとも必然
始まりは気付かぬうちに

予報通り　いかない模様
そんな時こそ　微笑(ほほえ)みを

ポツリポツリと町の色　変わってゆけば
傘はなくとも雨空に　唄うよ

どんな君でも　アイシテイル
顔を上げてごらん　光が照らす
涙の河も　海へと帰る
誰の心も　雨のち晴レルヤ

大空に飛ばした靴　占った明日(あした)の行方(ゆくえ)
描いてた未来じゃないが
君がいるかけがえのない日々　それは奇跡

ポツリポツリと呟いて　伝えてくれた
風に紛れてこの胸に　届くよ

何があっても　そばにいるよ
君と待っていたい　昇る朝日を
さらば　手を振ろう　哀しみ達に
時は流れて　笑顔になれるよ

どんな君でも　アイシテイル
顔を上げてごらん　光が照らす

何があっても　そばにいるよ
君と待っていたい　昇る朝日を
涙の河も　海へと帰る
誰の心も　雨のち晴レルヤ
雨のち晴レルヤ

MEMO

MEMO

エレヴァートミュージックエンターテイメントはウィンズスコアが
展開する「合唱楽譜・器楽系楽譜」を中心とした専門レーベルです。

ご注文について

エレヴァートミュージックエンターテイメントの商品は全国の楽器店、ならびに書店にてお求めになれますが、店頭でのご購入が困難な場合、下記PC&モバイルサイト・FAX・電話からのご注文で、直接ご購入が可能です。

◎PCサイト&モバイルサイトでのご注文方法
http://elevato-music.com
上記のアドレスへアクセスし、WEBショップにてご注文ください。

◎FAXでのご注文方法
FAX.03-6809-0594
24時間、ご注文を承ります。上記PCサイトよりFAXご注文用紙をダウンロードし、印刷、ご記入の上ご送信ください。

◎お電話でのご注文方法
TEL.0120-713-771
営業時間内に電話いただければ、電話にてご注文を承ります。

※この出版物の全部または一部を権利者に無断で複製(コピー)することは、著作権の侵害にあたり、
著作権法により罰せられます。

※造本には十分注意しておりますが、万一、落丁・乱丁などの不良品がありましたらお取り替えいたします。
また、ご意見・ご感想もホームページより受け付けておりますので、お気軽にお問い合わせください。

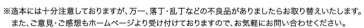